# Tietovarastointi ja Tietohallinnon Strateginen Suunnittelu

A. Törmänen

ISBN-13: 978-1984922649
ISBN-10: 1984922645

# TIETOVARASTOINTI JA TIETOHALLINNON STRATEGINEN SUUNNITTELU

## SISÄLLYS

i

# KUVAT

# LUKIJALLE

Tässä teoksessa käsitellään tietohallintoa ja sen strategioita ja strategista suunnittelua tietovarastoinnin näkökulmasta, eli miten tietotarve, tiedon varastointi ja analysointi liittyvät konsernin tai organisaation strategioihin. Koska monissa organisaatioissa tietovarastot ja analyysitarve lähtee usein johdon ja analyytikkojen tarpeista, tietovarastostrategia ja siihen liittyvät teknologiaratkaisut jäävät usein huomioonottamatta tietohallinnon strategioissa. Monesti pyritään istuttamaan tietovarasto- ja analyysiratkaisut tietohallinnon olemassa olevaan ja hyväksyttyyn teknologiapalettiin. Tämä ei aina tuota parasta tulosta tietovarastoinnissa. Tämän takia tässä teoksessa tarkastellaan näitä asioita strategian ja ohjauksen näkökulmasta.

1

## TIETOVARASTOINTI JA TIETOHALLINNON
## STRATEGINEN SUUNNITTELU

Pelkät operatiiviset sovellukset eivät riitä johdon tarpeisiin, sillä tarvitaan monipuolista analyysi- ja ennuste mahdollisuuksia ja tietojen yhdistelyä eri tietolähteistä. Tietovarasto itsessään tarjoaa eri käyttäjäryhmille suuren keskitetyn datamassan, sekä erilaisia mahdollisuuksia analysoida ja raportoida tietoa eri ulottuvuuksissa. Tietovaraston tietosisältöön on kuitenkin kiinnitettävä erityistä huomiota: jos tiedon laatu on huonoa ja ylläpito ei ole kunnossa, niin tietovaraston käyttöaste ja hyödynnettävyys laskevat samassa suhteessa.

Tietovarastoinnilla ei tarkoiteta pelkästään järjestelmää, tietokantaa, projektia tai puhdasta tiedon varastointia, vaan painopiste on liiketoiminnan kannalta hyödyllisen ja tarpeellisen tiedon keräämisessä, sekä sen hyödyntämisessä jokapäiväisessä operatiivisessa toiminnassa tai liiketoiminnan strategisen suunnittelun tukena.

Tietovarastointihankkeeseen tulisi lähteä aina liiketoiminnan tavoitteista ja painopistealueista, jotta toteutustarpeiden priorisointi olisi koko organisaation tavoitteiden kannalta järkevässä aikataulussa ja oikeass

2

A. TÖRMÄNEN

suhteessa. Sitä ei tulisi ajatella vain teknisenä pilottina, joka toteutetaan tietohallintoresurssien voimin. Tietovarastointiin lähdettäessä tulisi miettiä kokonaisuus ja tarpeet liiketoiminnan näkökulmasta, ja mitä tietovarastoinnilta halutaan saavuttaa, ja onko niitä tarpeita edes mahdollista toteuttaa. Kaikkea ei kuitenkaan tietovarastoinnillakaan voi tehdä, vaan monet asiat saattavat edellyttää organisaation toiminnan muutosta, prosessien tai tehtävien uudelleen organisointia. Osa yrityksen tietotarpeista voi perustua organisatorisiin ongelmiin ja raja-aitoihin eri divisioonien välillä eli tietoa ei saada tai siihen ei ole oikeuksia, ja näitä ongelmia ei teknologia ratkaise.

Jotain tämän teoksen osia perustuu teokseen Tietovarastointi Strategiasta toteutukseen, jonka julkaisi vuonna 1999 Suomen ATK-Kustannus. Tämän teoksen uudelleen julkaistuun osiin on saatu lupa Talentumilta, jonka johdosta kiitän Juha Nurroa, Talentumin silloista vastaavaa kustannuspäällikköä, kustannusoikeuksien palauttamisesta tekijälle vuonna 2014. Koska tekijänoikeuslain mukaan, jos painos on loppu ja tekijä pyytää uuden painoksen ottamista eikä kustantaja sitä ota,

3

niin kustannusoikeudet palautuvat tekijälle vuoden kuluttua
pyynnöstä.

Tämä kirja on pyritty kirjoittamaan yleistajuisesti.
Kohderyhmänä lähinnä liiketoiminnan asiantuntijat, johto,
tietohallinnon asiantuntijat, ja opiskelijat.

# 1 ALUSTUS

Tämän teoksen tarkoituksena on avartaa organisaation tietojen keräämisen ja hallinnan kokonaisuutta, ja arkkitehtuurin toteutusvaihtoehtoja.

Seuraavassa kuvailen tarkemmin organisaation eri strategiota, tietohallinnon suunnittelutyötä, ja strategioita ja sitä, miten tietovarastointi sekä tiedon analysointi ja sen suunnittelu liittyvät tähän kokonaisuuteen.

# 2 JOHTAMISESTA JA TIEDONHALLINNASTA

Organisaation strategiatyö perustuu johdon näkemyksiin tulevaisuudesta ja miten kilpailijat näkevät organisaation positioituvan markkinoilla. Tämän takia johdon tarpeita tarkasteltaessa tulee huomioida nykyinen kilpailutilanne, joka on lokaali, globaali ja tapahtuu sekä tosimaailmassa että verkossa.

Jos tarkastellaan eri vuosikymmeniä ja tiedonhallinnan ja johtamisen kehitystä, niin 19080 käynnistynyt mikrojen ja kännyköiden esilletulo muodostui 1990-luvulla jo

6

# A. TÖRMÄNEN

mobiililiiketoiminnaksi samalla kun digitalisaation edistyminen muutti kilpailua lokaalista globaaliksi.

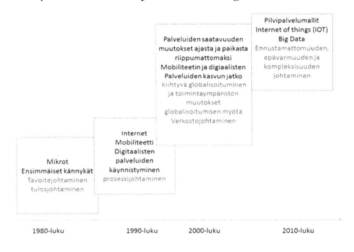

*Kuva 1. Tiedonhallinnan, johtamisen ja teknologian kehitys eri vuosikymmeninä*

2010-luvulla trendeinä on näkynyt esineiden Internet (Internet of Things, IOT), jolla tarkoitetaan esineiden ja laitteiden ohjausta verkon yli. Lisäksi tiedon määrä kasvaa eksponentiaalisesti ja perinteisillä tietojärjestelmäratkaisuilla ei oleteta olevan riittävää kapasiteettiä hallita kaikkea tietoa.

Muina trendeinä voidaan mainita pilvipalvelut, joiden hallinta voi tapahtua missä päin tahansa maailmaa, mikä

taas tuottaa tiedon tietoturvanäkökulmasta haasteita, koska
eri maissa on erilainen lainsäädäntö tiedonhallinnan ja
tietosuojan osalta. IOT on ensimmäisen kerran mainittu
vuonna 1999 Kevin Ashtonin toimesta, joten ideana se ei
ole uusi, mutta sen toteutuminen edellytti teknologioiden
kehittymistä.

Johtamisen näkökulmasta toimintaa on pyritty johtamaan
tavoite- ja tulosjohtamisen näkökulmasta 1980-luvulta
lähtien.

Tulosohjausnäkökulma kehittyi erityisen vahvasti
tuloskorttien myötä 1990-luvulla. Esimerkiksi
valtionhallinnossa tulosohjauksen kehittyminen liittyi myös
vahvasti tulosprisman kehitykseen 2000-luvulla. 2000-
luvulla lisäksi organisaatioissa kiinnostuttiin
verkostojohtamisesta ja miten voidaan ohjata yhdessä
toimivia yrityksiä ja organisaatiota yhteisten päämäärien ja
tavoitteiden mukaan. Globalisaation kasvu palveluissa
muutti palvelutarjontaa globaaliksi ja toi palvelut
mobiililaitteisiin sekä muutti palvelutarjontaa ajasta ja
paikasta riippumattomammaksi. 2010-luvulle tultaessa

8

johtamisen haasteiksi muodostui ennustamattomuus, epävarmuus ja kompleksisuuden johtaminen.

# 3 TIETOHALLINNON STRATEGINEN SUUNNITTELU

Tietohallinto määritellään yleensä sellaisiksi toiminto- ja tietojärjestelmäkokonaisuuksiksi, joiden avulla pyritään johtamaan, organisoimaan, suunnittelemaan ja hallinnoimaan koko organisaation tai koko konsernin tietoresursseja.

Tietohallinnon tehtäväkokonaisuus koostuu erilaisista strategisista, taktisista ja operatiivisista toimintokokonaisuuksista.

## A. TÖRMÄNEN

Näihin liittyvät tehtävät voidaan vielä jakaa kehittämiseen, konsultointiin sekä erilaisiin palvelutehtäviin.

Tietohallinnon strategisen suunnittelun tehtävänä on suunnata organisaation tietohallinnon linjauksia niin, että ne edesauttavat parhaalla tavalla organisaation kokonaisstrategian toteutumista.

Strategian tulee olla suhteessa organisaation realistisiin toimintaedellytyksiin.

11

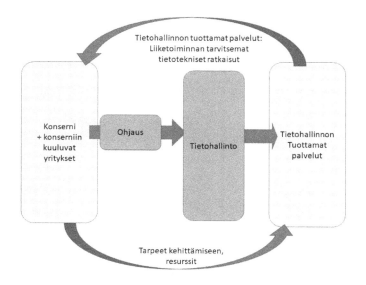

*Kuva 2. Tietohallinnon ja liiketoiminnan johdon suhde*

## 3.1 Tietohallintostrategia

Tietohallintostrategia on osa organisaation
kokonaisstrategiaa ja tietohallinnon tulee toimia apuna
yrityksen kokonaistavoitteiden saavuttamiseksi.
Tietohallintostrategiaa tulee tarkistaa ja arvioida samalla
aikataululla, kun organisaation strategiaa muutetaan tai
tavoitteita uusitaan.

# A. TÖRMÄNEN

Yleensä organisaation kokonaisstrategiaa arvioidaan ja tarkistetaan noin parin kolmen vuoden väliajoin

Tietohallintostrategiassa kuvataan lisäksi ne kehityspolun vaiheet ja toimenpiteet, joilla siihen tavoitetilaan pyritään. Strategian tulee toteutua niissä investointi-, hankinta- ja toteutuspäätöksissä, jotka koskevat teknologia-arkkitehtuureja, sovelluskehitystä, laitteisto-, palvelu- ja ohjelmistohankintoja.

Tietohallintostrategia luo päätöksenteolle kuitenkin ainoastaan puitteet, johon jokainen valintapäätös tuo joko strategiaa vahvistavan tai sitä mahdollisesti uudelleensuuntaavan lisänsä.

Strategian on yhtäältä taattava organisaation kehitykselle stabiili pohja, mutta toisaalta sen on varmistettava tietojärjestelmien uudistuminen teknologisen kehityksen myötä. Tärkeää onkin tunnistaa, milloin tehdyt tietotekniset valintapäätökset ovat strategisia ja milloin ne merkitsevät vain organisaation voimassa olevan ja hyväksytyn linjan noudattamista.

13

Yleisiä tietohallinnon strategisen suunnittelun tavoitteet
liittyvät usein siihen, miten liiketoiminta ja tietohallinto on
onnistunut strategioiden ja tavoitteiden integroinnissa.

Muita tavoitteita on listattu seuraavassa kuvassa. Näitä
ovat: strategioiden integrointi, tietojenkäsittelyn
kokonaisarkkitehtuurin määrittely ja toteutus, resurssien
allokointi, henkilöstökoulutuksen suunnitelmallinen
kehittäminen, tehtävien ja kokonaisorganisoinnin
kehittäminen, vastuusuhteiden selkeyttäminen, asiakas- ja
organisaatio tarpeiden huomiointi sekä uusien
tietoteknisten ratkaisujen tai teknologiainnovaatioiden
hallittu ja onnistunut käyttöönotto, kustannustehokkuuden
parantaminen ja tuloksellisuuden lisääminen.

---

Tietohallinnon strategisen suunnittelun tavoitteita ovat:

- liiketoiminnan ja tietohallinnon strategioiden integrointi
- tietojenkäsittelyn kokonaisarkkitehtuurin määrittely ja toteutus
- resurssien allokointi
- henkilöstökoulutuksen suunnitelmallinen kehittäminen
- tehtävien ja kokonaisorganisoinnin kehittäminen
- vastuusuhteiden selkeyttäminen
- asiakastarpeiden huomiointi
- uusien tietoteknisten ratkaisujen tai teknologiainnovaatioiden käyttöönottaminen hallitusti
- kustannustehokkuuden parantaminen ja
- tuloksellisuuden lisääminen.

---

*Kuva 3. Tietohallinnon strategisen suunnittelun tavoitteet*

Konsernitasolla yhtenäisen tietohallinnon toimintamalli kattaa arkkitehtuurin hallinnan ja hankehallinnan sisäisen, kansallisen ja kansainvälisen teknologian kehityksen sekä ratkaisujen yhdenmukaistamisen, jos niiden kehityksessä on ollut eriäväisyyksiä aiemmin.

Valtionhallinnon tietohallinnossa on tarkoitus yhdenmukaistaa alaisen organisaation teknologia-arkkitehtuureja ja -ratkaisuja sekä huolehtia siitä, että tietoturvaratkaisut ovat riittävän tehokkaita ja että liitännät

15

julkiseen internetiin on yhdenmukainen ja tietoturvallinen.

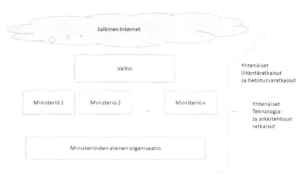

*Kuva 4. Valtion tietohallinnosta*

Valtion IT- strategiassa (VN, 2006) tietohallinnon toiminta on kuvattu siten, että se kattaa seuraavien osa-alueiden koordinoinnin, johtamisen, määrittelyn, suunnittelun, toteutuksen ja ylläpidon: hallinnon kehittäminen ja tietohallinnon toiminnan yhteensovittaminen, organisaation ydin- ja tukitoimintojen prosessien suunnittelun tuki, käsitteet ja tietosisällöt, arkkitehtuurit ja menetelmät, tietojärjestelmät ja tietovarantojen yhteen toimivuus, infrastruktuuri ja palvelutuotanto, asiakastuki, tietoturvallisuus, tietohallinnon hankinnat ja sopimukset, teknologiatoimittajiin liittyvä yhteydenpito ja teknologiaratkaisujen sisäinen markkinointi.

## 3.1.1 Tietohallinnon strategian lähestymistavat

Tietoteknisiä ratkaisuja valittaessa joudutaan tasapainottamaan teknologiakehitys, resurssit, ja mitä voidaan tehdä lyhyellä ja pitkällä aikavälillä, ja mikä on johdon näkemyksen mukaan keskeistä toteuttaa. Priorisointi voi olla vaikeaa, sillä eri tahojen näkemykset voivat poiketa paljonkin toisistaan. Tietohallinnon johdon mielestä tietoturva, teknologiset edistysaskeleet ja uudet laitteistovalinnat voivat olla kaikista tärkeimpiä, mutta liiketoiminnan kannalta taas markkinaosuuden seuranta, uusien palveluiden ja tuotteiden tukeminen, kilpailija-analyysit ja toimintaympäristön analysointi voivat olla tärkeämpiä. Tietohallinnon johdon on sen takia tasapainoteltava eri tarpeiden välillä ja usein tehtävä kompromisseja.

17

## 3.1.1 Tietohallinnon strategian kehittämisvaiheet

Tässä osassa tarkastellaan tietohallintostrategian kehitystä lähtien liiketoiminnan näkökulmasta ja strategiasta.

*Kuva 5. Tietohallinnan strategian kehitysvaiheet*

Strategian kehitys lähtee tietohallinnon visiosta ja tarpeista, mitä johto haluaa ja mitä organisaation kannalta halutaan priorisoida. Tämän jälkeen tulee tarkastella tietohallinnon mahdollisuuksia nykytilanteessa verrattuna tulevaan tahtotilaan, eli mitä halutaan kehittää seuraavien vuosien aikana ja pitkällä tähtäimellä. Tulevaisuuden osalta voi olla erilaisia kehitysnäkymiä riippuen siitä halutaanko toimia aggressiivisesti eli panostaa enemmän teknologiaplatformin kehitykseen vai halutaanko kehittää konservatiivisemmin eli pitäydytään olemassa olevissa ratkaisuissa ja pyritään ylläpitämään niitä. Jälkimmäinen vaihtoehto voi olla kiinnostava, jos organisaation rahavarat ovat tiukassa, kun taas ensimmäinen vaihtoehto voi olla parempi, jos halutaan saavuttaa jalansijaa uusilla markkinoilla tai päästä edelle kilpailijoista.

Kustannustehokkuus ajaa usein teknologiakehitystarpeiden edelle, jos organisaatio panostaa siihen, että sillä on jatkossa mahdollisuus pitää sama markkinaosuus.

Organisaation arvot ja johdon tarve lisätä tulosta voivat kuitenkin vaikuttaa siihen, että panostetaan enemmän esimerkiksi uusien palveluiden ja tuotteiden kehitykseen ja innovaatioihin siinä toivossa, että jostain niistä tulee markkinoilla johtava tuote tai palvelu.

## 3.1.1   Ohjausstrategia

Tietohallintoa tulee kehittää strategian ja konsernin
ohjauksen mukaisesti siten, että mahdollistetaan toiminnan
ja eri liiketoiminta-alueiden kilpailukykyinen toiminta.

Tietohallinnon tehtävänä on tarkastella tietojärjestelmiä
organisaation toiminnan ja johtamisen näkökulmasta.
Ohjausstrategia voi olla osa tietohallintostrategiaa.

Ohjausstrategiassa määritellään, mitkä ovat tietohallinnon
ohjauksen ja kehittämisen organisatoriset vastuut ja
säännöt. Lisäksi siinä otetaan kantaa keskitys/hajautus –
arkkitehtuuriratkaisuihin.

Ohjausstrategiassa otetaan kantaa myös strategisiin
tietohallinnon päätöksiin eli mitä osa-alueita
tietohallinnosta ja tietojenkäsittelystä voidaan ulkoistaa, ja
mitä osa-alueita taas pidetään oman toiminnan kannalta
kriittisinä tai strategisina osaamisalueina ja kilpailutekijöinä.

Tällaisia ovat myös esimerkiksi resurssien priorisointi eri järjestelmien ja projektien kesken.

Ohjausstrategian lopputuloksena muodostuvat ne ohjausperiaatteet ja säännöt, jotka määrittelevät työnjaon liiketoiminnan, sisäisen tietohallinnon ja ulkoisten yhteistyökumppanien välillä.

## 3.1.2  Tietotekniikkastrategia

Organisaation tietotekniikkastrategia kattaa yleensä seuraavat osa-alueet: tietojärjestelmästrategian, teknologiastrategian, ja ohjausstrategian.

Koko organisaation tietojärjestelmäsuunnitteluun liittyy usein ydinprosessien (BPR - Business Process Re-engineering,) ja yrityksen tietoarkkitehtuurin (EIA - Enterprise Information Architecture) uudelleen suunnittelua. Tietojärjestelmien ja tietoarkkitehtuurin suunnittelun ohella tärkeitä asioita ovat tietotekniikan ohjaukseen liittyvät kysymykset sekä teknologiaratkaisut.

21

Organisaation tietotekniikkastrategian
osa-alueet:
tietojärjestelmästrategia,
teknologiastrategia, ja ohjausstrategia.

*Kuva 6. Tietotekniikkastrategian osa-alueet*

Koko organisaation tietojärjestelmäsuunnitteluun liittyy usein ydinprosessien (BPR - Business Process Reengineering,) ja yrityksen tietoarkkitehtuurin (EIA - Enterprise Information Architecture) uudelleen suunnittelua. Tietojärjestelmien ja tietoarkkitehtuurin suunnittelun ohella tärkeitä asioita ovat tietotekniikan ohjaukseen liittyvät kysymykset sekä teknologiaratkaisut.

## 3.1.3   Tietojärjestelmästrategia

Tietojärjestelmästrategiassa kuvataan organisaation ydinprosessien kautta tietojärjestelmien hyväksikäytön painopistealueet sekä määritellään tavoitteet.

Tietojärjestelmästrategian kautta syntyy tietojärjestelmäarkkitehtuuri, jossa kuvataan ydinprosessien ja liiketoiminta-alueiden mukaan tietojärjestelmien sovellusalueet ja rajapinnat eri toimintokokonaisuuksien ja prosessien välillä. Organisaation tietojenkäsittelyn strategiat vaikuttavat myös koko organisaation tietojen analysointimahdollisuuksiin ja tietovarastoinnin kehitykseen.

Tietojärjestelmäkehitys voi laahata perässä toimialan ja markkinoiden kehittyessä ja tämä taas voi olla riskinä koko organisaation toiminnalle ja menestykselle. Joissain organisaatioissa ei vielä ole huomattu tietotekniikan merkitystä organisaation toiminnassa ja niissä saatetaan suhtautua tietojenkäsittelyyn konservatiivisesti: vieroksutaan uusia ideoita eikä olla valmiita kaatamaan perinteisiä raja-aitoja tai muuttamaan itsestään selviä. usein liiketoiminnan kannalta turhia asioita.

Organisaatiomuutoksen tavoin uusien teknologioiden
hyödyntäminen on samalla myös sosiaalinen prosessi,
johon liittyy usein muutosvastarintaa eri
organisaatiotasoilla. Tämän takia on hyvä tehdä myös
muutoshallintasuunnitelma, jossa arvioidaan teknologian
muutoksen lisäksi muutos henkilöstön tehtäviin ja mitä
tulee tiedotuksessa huomioida, jotta muutos saadaan läpi
mahdollisimman joustavasti ja muutosvastarintaa saadaan
vähennettyä.

## 3.1.4 Teknologiastrategia

Teknologiastrategiassa kuvataan kaikki ne säännöt, joiden
mukaan erilaisia teknologioita hyödynnetään organisaation
tuotteissa ja tuotantoprosesseissa. Teknologiastrategia
ohjaa organisaation teknologiaresurssien allokointia
organisaation perusrakenteisiin. Teknologiastrategian tulee
tukea organisaation eri prosesseja ja toimintoja kuten
tuotantoa, hankintoja, markkinointia, myyntiä, toimituksia

ja jakelua sekä asiakaspalvelua. Teknologiastrategiasta muodostuu organisaation tekninen arkkitehtuuri.

Teknisessä arkkitehtuurissa kuvataan myös tietovarastoinnin osalta tekniset ratkaisut eli laitteistot, tietovarastojen sijainti ja suojausasiat sekä tuotetekniset ratkaisut.

## 3.1.4.1 Tietovarastointi ja organisaation teknologiastrategia

Monissa organisaatioissa on tietovarastoratkaisuissa tehty vääriä valintoja, koska on sitouduttu tiettyyn toimittajaan ja teknologiaan konserni- tai organisaatiotasolla. Tämä ei välttämättä ole paras ratkaisu valittaessa johdon ja analyytikkojen työkaluja.

Seuraavassa on lueteltu ongelmia, joita voi tulla eteen tietovarastoprojektissa teknologiaratkaisusta riippuen:

Suljetut, yhden toimittajan kokonaisratkaisut voivat olla tehokkaita, mutta niiden hinta voi tulla liian kalliiksi ylläpitää.

Organisaation omat, itse toteutetut tietovarastot voivat myös tulla kalliiksi ja voivat viedä paljon omia resursseja. Tämä tulee usein eteen, kun tietovaraston käyttäjämäärä kasvaa ja tarpeet muuttuvat ja lisääntyvät raportoinnin ja analysoinnin osalta.

Ongelmallista voi olla myös se tilanne, jossa organisaation sisällä on koottu erilaisia tietovarastoja ja otoskantoja hyödyntäen eri toimittajaratkaisuja ja toteutustapoja. Yhtenäistä tietoa on tämän jälkeen vaikea saada eri tahoilta ja ollaan silti samassa tilanteessa johdon näkökannalta tarkasteltuna, että ajantasaista tietoa ei saada yhteismitallisesti ja läpi organisaation eri toimialojen ja tuotteiden osalta.

## 3.1.4.2 Huomioitavat asiat tietovarastoinnin teknologiaratkaisuissa

Tässä kappaleessa tarkastellaan niitä seikkoja, joita tulee ottaa huomioon tietovaraston teknologiaratkaisuja suunniteltaessa.

## A. TÖRMÄNEN

Koska tietovarasto on jatkuvasti kasvava ja ylläpidettävä kokonaisuus, sen koko voi isoissa organisaatioissa helposti olla useita terabittejä. Tämän takia on tärkeää, että tietovaraston kokonaisarkkitehtuuri on mietitty etukäteen, ennen kuin lähdetään toteuttamaan erillisiä ratkaisuja organisaatiossa.

Tärkeää on, että tietovarastoratkaisu on skaalautuva käyttäjien muuttuviin tarpeisiin.

Teknologiaratkaisun tulee olla OLAP-yhteensopiva, eli että kantaratkaisun päälle voidaan valita ja tarvittaessa vaihtaa eri raportointi- ja analyysityökaluja.

Ratkaisun tulee olla nopeasti toteutettavissa ja käytettävissä. Ratkaisun tulee olla sellainen, että se ei haittaa päivittäistä, operatiivista toimintaa. Se ei siis saa lukea suoraan operatiivista kantaa, vaan tietovaraston pitää olla erillinen ratkaisu.

Kustannustehokkuus on tärkeää, eli mikä ratkaisu sopii organisaatiolle huomioiden kustannukset rakennusvaiheessa ja ylläpidossa. Ylläpidon osalta on

27

huomioitava valitun ratkaisun ylläpidettävyys, lisenssikustannukset, teknologia päivitykset ja niiden asennuskustannukset. Lisäksi tulee arvioida resurssikustannukset rakennus-, käyttöönotto-, koulutus-, ja ylläpitovaiheessa, ja paljonko henkilöstöä vaaditaan eri vaiheissa.

## 3.1.5 Tietovarastointi – osa organisaation tietohallintostrategiaa

Organisaation tietovarastointistrategiaan vaikuttavat organisaation tietohallinnon suunnittelu sekä tietojärjestelmä- ja teknologiastrategiat.

Tietovarastointistrategian tulee tukea organisaation liiketoiminnan tiedon ja tietämyksen keräämistä, varastointia, erilaisen tiedon organisointia, monimuotoisen tiedon yhdistelyä, tiedon jakelua organisaation sisällä ja eri organisaatioiden kesken, tiedon saantia ja hyödyntämistä.

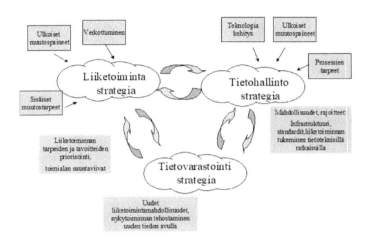

*Kuva 7. Tietohallintostrategian ja*
*tietovarastointistrategian yhteys liiketoimintastrategiaan.*

Tietovarastointistrategiassa tulee kuvata organisaation nykytila tietovarastoinnin osalta. Lisäksi siinä tulee kuvata se tavoitetila, mihin halutaan tavoiteaikajaksolla päästä, sekä keinot ja toimintatavat niiden saavuttamiseksi.

Strategiassa tulee huomioida tietovarastoinnin eri teknologia osa-alueet ja niiden kehitystrendit sekä kehityssuuntausten vaikutusmahdollisuudet tulevaisuuden

29

osalta. Lisäksi tulee huomioida tiedon hyödyntämistarpeet
ja niiden kehitys organisaation strategisten
painopistealueiden osalta. Toisaalta tulisi tarkastella myös
tiedon käytön osalta analyysiorgaanin muodostusta ja
kehittymistä organisaation sisällä.

Lisäksi strategiassa tulisi huomioida myös tietovarastoinnin
toteuttajien ja kehittäjien tehtävien ja osaamistason
kehittyminen ja tehtävien kierrätys organisaatiossa, jotta
osaaminen säilyisi organisaatiossa eikä jäisi yksittäisten
henkilöiden omaksi osaamiseksi. Strategiassa tulisi
tarkastella myös tietovaraston tietosisällön kehitystä
tavoiteaikajaksolla ja sen mukaan, mitkä ovat organisaation
kannalta kriittisiä tietoja tai strategisesti kilpailutilanteen
kannalta tärkeitä seurattavia asiakokonaisuuksia.

## 3.1.5.1 Tietovarastointistrategia

Kuvailen seuraavaksi sitä, miten tietovarastointi liittyy
organisaation tietotekniikkastrategioihin ja
arkkitehtuureihin.

# A. TÖRMÄNEN

Tietojärjestelmät, joissa hyödynnetään analyysia, kuten esimerkiksi analyysitietojärjestelmät ja tietovarastointiin liittyvät järjestelmät, ovat suurelta osin infrastruktuurina oikeastaan sosioteknisiä sovelluksia (STS, Sociotechnical System); eli organisaatio, kulttuuri ja vallankäyttö periytyvät tietovarastointiprojekteihin, mikä taas voi johtaa organisaation sisällä tiedon politisoitumiseen. Se jolla on tietoa, on myös valtaa, eli tiedon jakamisen ja omistajuuden kysymykset voivat johtaa organisaation sisäiseen valtataisteluun.

Tietovarastoinnin osalta joka organisaatiossa tulisi aluksi miettiä, mitä sillä halutaan saavuttaa ja mitä todellisia liiketoimintatarpeita, sillä toivotaan täytettävän.

Monesti kuitenkin tietovarastoinnin lähtökohta on liian teknispainotteinen, eli valitaan tietovarastoinnin toteutuksessa käytettävät tuotteet ennen liiketoiminnan tarpeiden selvitystä. Tämä johtaa monissa tapauksissa epäonnistuneisiin projekteihin – tai projekti voi teknisesti onnistua hienosti, mutta tietovaraston tiedoille tai analyysisovelluksille ei löydy käyttäjiä organisaatiosta. Ilman käyttäjiä pelkkä tieto varastoituna on arvotonta.

Jos ei tiedetä, mitä tietovarastoinnin avulla halutaan
saavuttaa, mitkä ovat liiketoiminnan tarpeet, ja minne itse
asiassa ollaan suuntaamassa toimintaa, niin ollaan
samanlaisessa tilanteessa kuin Carroll Lewisin (1865) Liisa
Ihmemassa, kun Liisa kysyi tietä Irvikissalta:

"'Would you tell me, please, which way I ought to go from
here?'
'That depends a good deal on where you want to get to,'
said the Cheshire Cat.
'I don't much care where—' said Alice.
'Then it doesn't matter which way you go,'
said the Cheshire Cat."

Toisin sanoen tietovarastointi edellyttää aina todellista
liiketoimintatarvetta. Pitää tietää, mitä halutaan tehdä, ja
mitä saavuttaa, muuten on samantekevää, minkä tuotteen
tai teknologian valitsee, ja mitä tekee. Tietovarastointi
tarvitsee käyttäjiä pysyäkseen hengissä.

## 3.1.5.2 Strategiavaihtoehtoja

Organisaation suunnitellessa tietovarastointia pitemmällä tähtäimellä kannattaa miettiä strategiassa sitä, miten tietovarastointia toteutetaan ja hyödynnetään yrityksessä nyt ja tulevaisuudessa, ja mitä lähestymistapoja on olemassa.

Tietovarastointistrategioissa on vaihtoehtoina: konservatiivinen, passiivinen (tai reaktiivinen) ja aktiivinen (tai proaktiivinen) strategiavaihtoehto. Passiivinen ja reaktiivinen toimintamalli ovat usein hyvin samanlaisia.

### 3.1.5.2.1 Tietovarastoinnin konservatiivinen lähestymistapa

Tietotekniikan ja tietojenkäsittelyn tulisi tukea organisaation olemassa olevaa liiketoimintaa, laajentaa organisaation teknologista osaamista sekä auttaa yritystä kehittämään ja tuottamaan uusia tuotteita tai palveluita.

Nopeasti muuttuvassa ympäristössä tai epävarmassa yleistaloudellisessa tilanteessa olisi syytä tarkastella tietotekniikkaa ja tietojen käsittelyä teknologisena välineenä, jonka tehokkaan ja optimoidun käytön avulla voidaan saavuttaa suuria hyötyjä ja etuja kilpailijoihin nähden. Kuitenkin monissa yrityksissä ajatellaan tietojenkäsittelyä vain joukkona operatiivisia järjestelmiä. Tällöin ei huomioida tietotekniikan strategista merkitystä organisaation liiketoiminnassa ja sitä, että tietotekniikka sinällään voi olla yksi organisaation kriittisiä menestystekijöitä.

Tarkasteltaessa viime vuosikymmenten tietotekniikkahankintoja voidaan havaita, että silloin yrityksille oli tyypillistä kehittää ja kasvattaa tietojenkäsittelyä ja hankkia vuosittain lisää uutta teknologiaa ottamatta huomioon sitä, olivatko kaikki hankinnat tarpeellisia tai välttämättömiä organisaation liiketoiminnan ja toiminnan pääpainopistealueiden sekä niiden kehittymisen kannalta. Joissain organisaatiossa toimitaan vieläkin näin: muuttuvan ympäristön vaatimuksia ei ole onnistuttu siirtämään tietohallinnon ja

34

tietotekniikkahankintojen piiriin, tai siirtoa hidastaa organisaatiosiilojen väliset rajat ja epäyhtenäinen tietotekniikka-arkkitehtuuri.

Tietovarastoinnissa tämä trendi on myös havaittavissa: organisaatiossa ei olla valmiita kaatamaan perinteisiä organisatorisia raja-aitoja ja muuttamaan itsestään selviä asioita. Tuntuu helpommalta toimia tutussa ympäristössä samoin, kuin on aina ennenkin tehty. Uudet asiat ja teknologiat saattavat näyttää uhkaavan jotakin yksilöä, organisaatiostruktuuria tai valtahierarkiaa yrityksessä, ja silloin voi tapahtua poliittisista ja sosiaalisista syistä teknologiakehityksen jarrutusta. Tämä taas voi suoraan haitata tai hidastaa organisaation liiketoiminnan kehittymistä ja huonontaa organisaation kilpailukykyä. Tietovarastoinnin kehitysstrategia on tällöin konservatiivista: toimitaan organisaation ehdoilla käyttäen vanhoja, hyväksi koettuja toimintatapoja varoen aiheuttamasta tietovarastoinnilla radikaaleja muutoksia organisaation toimintaan.

Konservatiivinen tietovarastointistrategia saattaa muodostua myös sellaisissa organisaatioissa, joissa on

heikko johtamiskulttuuri ja vahvoja yksilöitä, jotka pyrkivät
tietotekniikan avulla vahvistamaan omaa valta-asemaansa
yrityksessä.

## 3.1.5.2.2    Tietovarastoinnin passiivinen strategia

Tietovarastointistrategia voi olla passiivista, jolloin tietoa
kerätään raportointitarkoituksissa varastoon. Passiivinen
tietovarastointistrategia syntyy lähinnä sisäisten muutosten
tai ulkoisten paineiden aiheuttamana. Sellaisia voivat olla
esimerkiksi       omistajuuden,        lainsäädännön        ja
kilpailutilanteen muutokset, taloudessa tai yhteiskunnassa
tapahtuvat myllerrykset.

Passiivisessa    toiminnassa    voidaan    myös    jäljitellä
kilpailijoiden ratkaisuja. Tavoitteena on tällöin välttää
kokeiluja  ja  minimoida  riskejä.  Toisaalta  passiivinen
strategia ja suunnittelemattomuus voi muodostaa liian
teknispainotteisen strategian, jolloin liiketoiminnan tarpeet
saattavat jäädä huomioimatta.

36

## 3.1.5.2.3 Tietovarastoinnin reaktiivinen strategia

Reaktiivinen tietovarastointistrategia lähtee liiketoiminnan muutosten seuraamisesta ja suuntaamisesta strategioiden mukaan jo toteutuneiden tapahtumien perusteella.

Reaktiivisuus ei ole edelläkävijyyttä tai toimimista tiennäyttäjänä.

Reaktiivinen ratkaisu toisaalta on puolustettavissa, jos organisaatio ei halua olla edelläkävijänä tai innovaattorina yhdelläkään toimintansa strategisella painopistealueella tai koko liiketoiminta-alueella. Tämä strategia sopii, jos organisaatio aikoo hyödyntää tietovarastointia lähinnä operatiivisen toiminnan tukena, ei strategisena kilpailuetuna. Reaktiivinen tietovarastointiratkaisu ei siis tue organisaation kilpailukykyisyyttä.

Valtionhallinnon osalta toiminta on usein reaktiivista. Nopeasti muuttuvassa ympäristössä ei tieto kuitenkaan tule riittävän nopeasti johdolle. Lisäksi valtionhallinnon erityisongelmana on tulosohjaus, joka ei tue riittävästi monivuotisia projektibudjetteja ja johtaa siihen, että toiminta on usein reaktiivista eli reagoidaan jo tapahtuneisiin asioihin.

## 3.1.5.2.4  Tietovarastoinnin aktiivinen strategia

Kun tietovarastointia hyödynnetään uuden liiketoiminnan perustana ja innovaatioiden tietolähteenä, taikka niiden teknologisena pohjana, niin silloin yritys käyttää tietovarastointia aktiivisesti liiketoiminnassaan, ja se on voi olla jopa osa organisaation liiketoimintastrategiaa. Tällöin tietotekniikkaa pidetään organisaation tärkeänä resurssina ja kilpailuetuna.

Tietovarastoinnilla pyritään silloin uudelleen arvioimaan tietoteknisiä ja organisatorisia ratkaisuja sekä kerätyn tiedon avulla reagoimaan nopeasti markkinatilanteen muutoksiin ja tulevaisuuden tarpeisiin. Lisäksi sillä voidaan pyrkiä myös liiketoiminnan tehokkuuden ja palvelun laadun parantamiseen karsimalla kustannuksia ja

## A. TÖRMÄNEN

hyödyntämällä resursseja tehokkaammin. Tietovarastointia käytetään silloin sekä operatiivisen toiminnan uudistamiseen ja strategisen päätöksenteon ja suunnittelun tehostamiseen.

Proaktiivinen toiminta mahdollistaa tietovarastointiteknologian hyödyntämisen ennen kokeilemattomilla alueilla – hyödyntäen tietoa siellä, missä sitä ei ennen ole saatu kerättyä tai analysoitua. Sellaisia alueita ovat esimerkiksi tietopääoman mittaus yrityksessä eli kokemusperäisen tiedon hallinta tai ideoiden keruu organisaation sisällä.

Kuitenkaan paraskaan täsmätiedon analyysi ei yksin tuo yritykselle menestymistä, vaan usein vaaditaan myös innovaatioherkkyyttä, strategista ideointia ja näkemystä, siitä mihin liiketoiminta on menossa ja mitkä ovat tulevaisuuden strategiset painopistealueet ja menestystuotteet. Tällöin ei pelkkä tiedon hallinta ja varastointi riitä vaan pitää hyödyntää myös organisaation strukturoimatonta tacit -tietoa eli kokemusperäistä tietoa, joka syntyy ihmisten kanssakäymisen ja organisaation oppimisen tuloksena.

Globalisoituvassa maailmassa laaja-alainen kilpailu edellyttää nopeaa reagointia, oikeita teknologiaratkaisuja ja asiakastarpeiden nopeaa huomioimista. Monet yritykset joutuvat vastaamaan kiristyvän kilpailuun tehostamalla omia prosessejaan, ja samalla hyväksymään modernin liiketoiminnan ongelmatiikan eli kiihtyvän teknologiakehityksen, kansainväliset kilpailijat ja sellaisen toimintaympäristön, jossa ei olekaan maantieteellisiä tai logistisia rajoituksia. Vain tavat ja uskontorajoitukset erottavat yritysten henkilöstön toimintaa eri kulttuuriympäristöissä.

Yritysmaailmassa tulevaisuuden menestyjät ovat ne, jotka osaavat hyödyntää strategisen pääomansa, ihmisten osaamisen ja tietotaidon, omassa toiminnassaan ja pystyvät suuntaamaan toimintaansa dynaamisesti sen tiedon mukaan.

Miten sitten voidaan aktiivisesti hyödyntää organisaation piilevää tietopääomaa eli strukturoimatonta tietotaitoa ja tietämystä?

## A. TÖRMÄNEN

Tietämyksen varastoinnilla ja organisaation informaatioprosessien suunnittelulla ja oikealla organisoinnilla voidaan hyödyntää yksilön kokemustietoa koko organisaatiossa.

## 3.1.5.2 Tietovarastoinnin rakentamisesta ja ylläpidosta

Tässä osassa tarkastellaan haasteita tietovaraston aloittamisessa, rakentamisessa ja ylläpidossa.

*Kuva 8. Tietovarastoinnin rakentamisen ja kehittämisen haasteet: mitä tulee huomioida projektia käynnistettäessä ja tietovarastoa rakennettaessa*

41

Tietovarastoinnin rakentamisessa strategianäkökulmasta joudutaan tarkastelemaan tietovarastoa osana organisaation teknologia ratkaisuja. Tällöin joudutaan usein tekemään kompromisseja sen mukaan, mitä on varaa tehdä budjettiraameissa, mitä käyttäjät vaativat ja mitä on mahdollista toteuttaa heti ja mitä voidaan siirtää myöhemmäksi. Lisäksi joudutaan tietovarastoinnin osalta ehkä tinkimään käyttöliittymän joustavuudesta ja kannan vastausaikojen nopeudesta organisaation tietohallinnon valitsemien työkalujen ja muiden teknologia standardien takia.

Kuitenkin lähtökohtana tulisi olla johdon ja analyytikkojen tarpeet ja mitkä analysoitavat tiedot ja raportit edesauttavat johtoa parempaan tulokseen eli mitkä vaikuttavat suoraan markkinatilanteeseen, kilpailija-analyyseihin, ja tuoteratkaisuihin.

Julkishallinnossa tulisi arvioida esimerkiksi se, mistä analysoitavasta tiedosta saadaan parhaat mahdolliset raportit ja analyysit toimintaympäristön muutoksien seurantaan sekä palveluiden arviointiin ja kehittämiseen eri puolilla maata tai oman toiminnan alueella. Tämän takia olisi hyvä tarkastella tietovarastoa pitkäjänteisesti ja rakentaa sitä vaiheittain siten, että ensi vaiheessa saataisiin johdolle ne raportit ja analyysit, joista tulee koko organisaatiolle eniten hyötyä ja sen jälkeen kehittää tietovarastoa vaiheittain riippuen budjetista ja kehittämisresursseista sekä teknologiaratkaisuista.

## 3.1.5.3 Tietovarastointi liiketoiminnan tukena

Tietovarastointiin lähdettäessä tulisi miettiä kokonaisuus ja tarpeet, mitä sillä halutaan täyttää, ja onko niitä tarpeita edes mahdollista täyttää tietovarastoinnin avulla. Kaikkea ei kuitenkaan tietovarastoinnillakaan voi tehdä, vaan monet asiat saattavat edellyttää organisaation toiminnan muutosta tai tehtävien uudelleen organisointia. Osa organisaation tietotarpeista voi perustua organisatorisiin ongelmiin ja raja-aitoihin eri divisioonien välillä eli tietoa ei saada tai siihen ei ole oikeuksia, ja näitä ongelmia ei tietovarastointi ratkaise.

Tietovarastohankkeeseen tulisi lähteä organisaation liiketoiminnan tavoitteista ja painopistealueista, jotta toteutustarpeiden priorisointi olisi koko organisaation tavoitteiden kannalta järkevässä aikataulussa ja oikeassa suhteessa. Ei nimittäin ole järkevää toteuttaa esimerkiksi tuotetietojen analyysiprojektia, joka kestäisi useita kuukausia, jos tuotteen elinkaari on hiipumassa ja käytännössä tuotteen myynti loppuu tai tuote poistuu markkinoilta projektin valmistumiseen mennessä.

A. TÖRMÄNEN

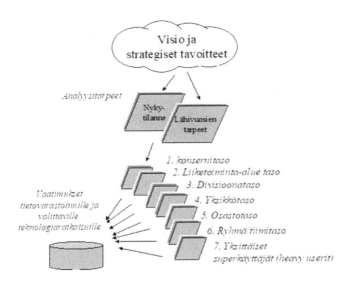

*Kuva 9. Tietovarastot kokonaisuutena: liiketoiminnan visio ja strategia lähtökohtina tulee miettiä analyysitarpeet eri kohderyhmille ja osa-alueille, jonka jälkeen voidaan päättää teknologia, joilla toteutus onnistuu.*

Tietovarastoteknologian avulla tekee mahdolliseksi konsernin eri liiketoimintojen tai liiketoiminnan eri osa-alueiden yhteenvetojen tekemisen, toimintavaihtoehtojen arvioimisen, sekä ympäristössä tapahtuvien tai ennakoitavien muutosten vaikutusten tarkastelun kuten kilpailijoiden toimenpiteet markkinoilla.

45

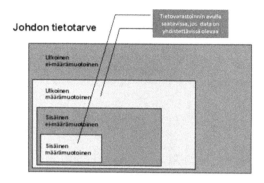

*Kuva 10. Johdon tietotarve ja Tietovarastot (lähde: Tieto
Innovation/Ilkka Korkiakoski, 1998)*

# 4 ARKKITEHTUURIT

Tietojenkäsittelyyn liittyy eri tietotekniikan osa-alueiden arkkitehtuurit, joilla pyritään kuvaamaan tietojenkäsittelyn teknisiä tavoitteita ja määrittelemään eri osa-alueiden loogisia ja periaatteellisia kokonaisrakenteita.

## 4. 1 Kokonaisarkkitehtuuri

Yhä useammat organisaatiot ovat havainneet kokonaisarkkitehtuurityön hyödyt. Kokonaisarkkitehtuuri (enterprise architecture) kattaa koko organisaation toiminnan, rakenteet, ja kehittämisen. Kokonaisarkkitehtuurilla tarkoitetaan organisaation toiminnasta lähtevää tietojenhallinnan kehittämistä, jota tuetaan tietojärjestelmillä ja muilla teknologisilla ratkaisuilla. Se sisältää myös prosessitarkastelun.

Julkishallinnossa kokonaisarkkitehtuurityö on
Tietohallintolain mukaan jo lakisääteinen velvollisuus.
Julkishallinnon kokonaisarkkitehtuurista löytyy paljon
erilaisia julkaisuja ja koulutusta.

Kokonaisarkkitehtuuri kattaa yleensä ainakin seuraavat
osa-alueet: Liiketoiminta-arkkitehtuuri, Tietoarkkitehtuuri,
Järjestelmä- tai sovellusarkkitehtuuri, ja Teknologia-
arkkitehtuuri.

Tämän lisäksi voidaan kokonaisarkkitehtuurissa määritellä
vielä laitteisto- ja tietoliikennekokonaisuudet.

## 4.2 Liiketoiminta-arkkitehtuuri

Liiketoiminta-arkkitehtuurilla tarkoitetaan lähinnä
organisaation toimintoja tukevia tietotekniikkaratkaisuja.

Liiketoiminta-arkkitehtuuri tulee lähteä liiketoiminnan ja
johdon tarpeista, mitä järjestelmäkokonaisuuksia tarvitaan
päivittäisen operatiivisen toiminnan tukemiseen ja
palveluiden tuottamiseen.

48

A. TÖRMÄNEN

## .3 Tietoarkkitehtuuri tietovarastoinnin kannalta

Tietoarkkitehtuuri määrittelee seuraavat asiat: mitä tietoja organisaatio tarvitsee, miten tiedot kytkeytyvät toisiinsa ja mitä vaatimuksia organisaation eri toiminnot asettavat kyseiselle tiedolle.

---

**Tietoarkkitehtuuri** määrittelee seuraavat asiat:
* mitä tietoja organisaatio tarvitsee
* miten tiedot kytkeytyvät toisiinsa ja
* mitä vaatimuksia organisaation eri toiminnot asettavat kyseiselle tiedolle.

---

*Kuva 11. Tietoarkkitehtuurin määrittely*

Tietoarkkitehtuuri on tärkeä osa arkkitehtuureista tietovarastoinnin kannalta tarkasteltuna. Tiedot tulee määritellä yksiselitteisesti organisaation operatiivisiin tietokantoihin ja tietojärjestelmiin, jotta tiedon yhteneväisyys ja yhdisteltävyys tietovarastoon sujuu

49

helposti. Jos eri tietojärjestelmissä sama tieto on eri nimisenä, tämä hidastaa tietojen yhdistelyä.

## 4.4 Sovellusarkkitehtuuri tietovarastoinnin kannalta

Sovellusarkkitehtuurin avulla voidaan määritellä organisaatiolle parhaiten soveltuvat tietojärjestelmäratkaisut, kun tunnetaan organisaation toiminnot ja niiden tietotarpeet.

Tietovarastoinnin osalta sovellusratkaisut vaikuttavat myös tietovaraston tietosisältöön ja siihen miten helposti saadaan tietoja tietovarastoon.

Sovellusten ylläpitoajat vaikuttavat siihen, miten tiheään tahtiin voidaan uutta ja päivitettyä tietoa saada tietovarastoon.

A. TÖRMÄNEN

## 4.5 Laitteistoarkkitehtuuri tietovarastoinnin kannalta

Laitteistoarkkitehtuuri määräytyy organisaation sovelluksien ja toimintojen vaatimusten mukaan. Erilaisilla sovelluksilla on erilaisia palveluvaatimuksia esimerkiksi käyttäjämäärien ja tietomassojen käsittelyn suhteen. Suuret volyymit ja online tietotarve edellyttävät tehokkaampia laitteistoratkaisuja, kuin mitä esimerkiksi pienyrityksissä vaaditaan.

Keskeiset tietovaraston kustannustekijät ovat laitteisto, lisenssit ja kehitystyö. Sen takia onkin tärkeää tarkastella näitä eri kokonaisuuksia arkkitehtuuriratkaisua päätettäessä. Joissain ratkaisuissa laitteistokustannukset voivat olla 50% kaikesta kustannuksesta, kun taas joissain toisessa ratkaisussa laitteisto voi olla vain 20% kokonaiskustannuksista. Jos tarkastellaan rakennuskustannuksia, niin riippuu toimittajasta, miten kustannukset jakaantuvat.

51

## 4.6 Tietoliikennearkkitehtuuri tietovarastoinnin kannalta

Tietoliikennearkkitehtuurin kriteerit tulevat organisaation toimintojen ja sovellusten palvelutasovaatimuksista. Tietoliikennearkkitehtuuri kuvaa organisaation sisäiset ja ulkoiset tietoliikenneyhteydet. Se kuvaa esimerkiksi eri järjestelmien liittymät, domainit ja alihankintaverkot. Siitä käyvät ilmi myös eri sovellusten väliset tiedonsiirrot sekä tiedonsiirron esimerkiksi organisaation sisäisten järjestelmien ja intranetin välillä.

Tietoliikennearkkitehtuuri tulee kuvata sekä loogisella että fyysisellä tasolla.

Tietoliikenne- ja tiedonsiirtoarkkitehtuuriin vaikuttavat tietoturvavaatimukset, tiedonsiirron luotettavuus, siirrettävien tietojen määrät ja vaadittava siirto- tai vasteaika.

Tietovarastoinnin osalta tiedonsiirron tehokkuus vaikuttaa paljolti tietovarastoinnin käytettävyyteen.

# A. TÖRMÄNEN

Hitaat vastausajat analyysien osalta aiheuttavat sen, että käyttäjät kyllästyvät tietovaraston ja analyysien käyttöön. Jos tietovarastoratkaisu on tehokas ja nopea käyttää, myös käyttäjämäärät kasvavat ja tyytyväisyys lisääntyy.

Tietovarastoinnin osalta I/O tehokkuus tulisi testata jo kehitysvaiheessa. Jos tietovarasto on valmis tauluineen kaikkineen, niin on vaikeampi ruveta uudelleen rakentamaan kokonaisuutta, jos tietovaraston vastausajat takkuilevat.

# 5 LOPPUSANAT

Tässä teoksessa tarkasteltiin tietohallintoa ja sen strategioita. Tämän lisäksi tarkasteltiin strategista suunnittelua ja miten tietovarastointi ja organisaation tietotarve, tiedon analysointi, ja tiedon varastointi liittyvät strategiseen suunnitteluun.

Tietohallinnon näkökulmasta tietohallinnon oma strategia on yleensä se keskeisin asia, mutta siinäkin tulee noudattaa koko organisaation liiketoiminnan asettamia tavoitteita. Koska monissa organisaatioissa tietovarastot ja analyysitarve lähtee usein johdon ja analyytikkojen tarpeista, tietovarastostrategia ja siihen liittyvät teknologiaratkaisut jäävät usein huomioonottamatta tietohallinnon strategioissa. Monesti tietovarasto- ja analyysiratkaisut pyritään toteuttamaan tietohallinnon

A. TÖRMÄNEN

olemassa olevalla ja hyväksytyllä teknologiapaletilla. Tämä ei aina tuota parasta tulosta tietovarastoinnissa. Tietovarastoinnissa tulee ottaa huomioon datamassat ja että kaikki perinteiset operatiivisen järjestelmän toteutus ja raportointiratkaisut eivät silloin toimi niin hyvin kuin varta vasten tietovarastointia ja analysointia varten suunnitellut ratkaisut. Tämän takia tässä teoksessa käsiteltiin tietovarastointia osana tietohallinnon strategista suunnittelua.

Organisaation strategiatyö perustuu johdon näkemyksiin tulevaisuudesta ja miten kilpailijat näkevät organisaation positioituvan markkinoilla. Tämän takia johdon tarpeita tarkasteltaessa tulee huomioida nykyinen kilpailutilanne, joka on lokaali, globaali ja tapahtuu sekä tosimaailmassa että verkossa.

Strategia muuntautuu organisaation elinkaaren ja toimintaympäristön muutosvauhdin mukaan. Yksityisellä sektorilla voi esimerkiksi asiakaskeskeisyys strategiassa lisääntyä, tai vastaavasti julkishallinnossa saatetaan korostaa jollain strategiakaudella enemmän organisaatioiden välistä yhteistyötä.

Nämä kaikki riippuvat siitä, mitä johto näkee tärkeäksi
kunakin strategiakautena.

Johtajien vaihtuessa myös strategiset näkemykset voivat
muuttua, ja tämä taas vaikuttaa suoraan organisaation
strategisiin tavoitteisiin ja sitä kautta myös analysointiin ja
tarvittaviin tietoihin.

Mitä nopeammin toimintaympäristön muutosvauhti on,
sitä vaikeampaa on hallita muutosta. Nopeasti muuttuvassa
toimintaympäristössä johto ja analyytikot tarvitsevat
ajantasaista tietoa nopeasti voidakseen reagoida
muutoksiin. Tämän takia tietovarastoinnin rakentaminen ja
ylläpitäminen on keskeistä, jos organisaatiota halutaan
ohjata tietoperusteisesti.

# SANASTO

**Aineeton pääoma** (*Intangible Asset*) Inhimillisen pääoman avulla yritykseen hankitut ideat, immateriaalioikeudet, dokumentit, informaatio ja koko organisaatio. Yrityksen aineettomaan omaisuuteen kuuluu: Ihmispääoma (Human Capital), Asiakaspääoma (Customer Capital) ja Organisaatiopääoma (Organizational, Structural Capital).

**Asiakaspääoma** (Customer Capital) sisältää organisaation ihmisten suhteet organisaation ulkopuolella, asiakasuskollisuuden, markkinaosuuden ja asiakaskannattavuuden.

**Big Datalla** tarkoitetaan massadataa. Tiedon määrä on niin suuri, että se ylittää prosessointikapasiteetin perinteisten tietojärjestelmien osalta. Massadatalla katsotaan olevan kolme ominaisuutta tai ulottuvuutta (vektoria): massa (volume), nopeus (eli tietomassan kasvun nopea kasvu) ja monimuotoisuus (variety) eli data voi esiintyä hyvin erilaisessa muodossa.

**Customer Capital** kts. Asiakaspääoma

**Data** Data on käsittelemätöntä tietoa, joka muunnetaan informaatioksi.

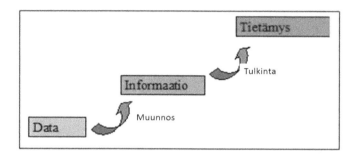

*Kuva 12. Data-informaatio-tietämys*

**Data Lake**. Dixonin määritelemä (2010): "Jos ajatellaan, että otoskanta (data mart) on valmiiksi puhdistettu ja pullotettu vesi, niin tietojärvi on laaja vesimassa luonnollisessa tilassaan. Tietojärveen tulee vettä eri tietovirtoja pitkin, ja useat eri käyttäjät voivat tulla järvelle ottamaan otoksia, analysoimaan ja sukeltamaan sen syvyyksiin."

**Data Mart** *(Otoskanta, paikallisvarasto, tietosiilo)* Data martille on useita eri käännöksiä suomeksi, mutta ehkä otoskanta tai paikalliskanta ovat ne yleisimmin käytetyt. Se tarkoittaa kuitenkin tiettyyn tarpeeseen tai tiettyä aihealuetta varten muodostettua otosta tietovarastosta

**Data Warehouse** kts. tietovarasto

**Data Warehousing** kts. Tietovarastointi

**Doksastinen informaatio** uskomukset

**Enterprise architecture** Kokonaisarkkitehtuurilla tarkoitetaan organisaation toiminnasta lähtevää tietojenhallinnan kehittämistä, jota tuetaan tietojärjestelmillä ja muilla teknologisilla ratkaisuilla.

**Enterprise Resource Management** kts. ERM

**Episteeminen informaatio** yleinen, arvioiva, selittävä informaatio

59

**ERM** (*Enterprise Resource* Management) yrityksen (organisaation) suhteiden hallinta.

**Esittämiseen liittyvä informaatio** Esittämiseen liittyvää informaatiota voi luokitella seuraavasti: episteemiseen informaatioon (yleinen, arvioiva, selittävä), doksastiseen informaatioon uskomukset) ja modaaliseen (ehdottomat arvot, käskyt, kysymykset)

**Fysikaalinen informaatio** Aineellisten systeemien järjestäytyneisyys entropian vastakohtana. Fysikaalista ja syntaktista informaatiota käsitellään yleensä tietovarastoissa

**Human Capital** kts. Inhimillinen pääoma

**Informaatio** Informaatio edellyttää informaation hyväksikäyttöä ja jonkun tulkintaa, jotta siitä tulisi tietämystä, jota voi hyödyntää päätöksenteossa. Informaatio-käsitettä voi luokitella seuraavasti: Fysikaalinen informaatio (aineellisten systeemien järjestäytyneisyys entropian vastakohtana), syntaktinen informaatio (paljas tieto sinänsä), semanttinen informaatio (merkitys, ihmisen tapa ymmärtää tieto) ja pragmaattinen informaatio (tietämys, knowledge, tiedon hyväksikäyttö) (Turo Virtanen,Hallinnon Tutkimus 3/1989)

**Inhimillinen pääoma** (Human Capital, Ihmispääoma) sisältää organisaation jäsenten olemassa olevan tietotaidon, kyvyt ja osaamisen

**Intangible Asset** kts. Aineeton pääoma

**Internet of Things (IOT)** Esineiden Internet tarkoitetaan internet-verkon laajenemista koneisiin ja laitteisiin, jolloin niitä voidaan ohjata, monitoroida ja mitata verkon yli. Esimerkkinä voidaan mainita etäluettavat laitteet kuten sähkömittarit.

61

**Kokonaisarkkitehtuuri** Enterprise architeture, Kokonaisarkkitehtuurilla tarkoitetaan organisaation toiminnasta lähtevää tietojenhallinnan kehittämistä, jota tuetaan tietojärjestelmillä ja muilla teknologisilla ratkaisuilla.

**Knowledge** tietämys

**Knowledge Management** Hallittu tiedon ja tietämyksen johtaminen, tietämyksen ja tietopääoman hallinta organisaatiossa

**Laitteistoarkkitehtuuri** määräytyy organisaation sovelluksien ja toimintojen vaatimusten mukaan. Laitteistoarkkitehtuuri kattaa toimittaja- ja teknologiaratkaisut laitteistojen osalta.

**Liiketoiminta-arkkitehtuuri** Sillä tarkoitetaan lähinnä organisaation toimintoja, prosesseja ja palveluita tukevia tietotekniikkaratkaisuja.

**Metadata**     Tietoa tiedosta; kts. myös semanttinen
informaatio

**OLAP**     (On-Line Analytical Processing). Tarkoittaa joko
analyysikantaa, joka muodostuu tietoja analysoitaessa
analyysityökaluilla tai tosiaikaista jalostetun tiedon
käsittelyä

**Organisaatiopääoma** (Structural, Organizational
Capital) kattaa organisaation tietojärjestelmät, verkot,
politiikat, kulttuurit, tutkimus- ja kehitystyö, patentit sekä
muut 'organisaation kyvyt', joilla pyritään täyttämään
markkinoiden vaatimukset

**Organizational Capital**     kts. Organisaatio pääoma

**Otoskanta**     kts. Data mart

**Paikallisvarasto**     kts. Data mart

**Pragmaattinen informaatio** tietämys, knowledge, tiedon
hyväksikäyttö. Pragmaattinen informaatio on tietämyksen
hallinnassa esille tuleva tiedon määritelmä.

**Semanttinen informaatio** Merkitys, ihmisen tapa ymmärtää tieto. Semanttista informaatiota on esimerkiksi metadata eli tiedon merkitys tietovarastossa.

**Sovellusarkkitehtuuri** Sen avulla voidaan määritellä organisaatiolle parhaiten soveltuvat tietojärjestelmäratkaisut, kun tunnetaan organisaation toiminnot ja niiden tietotarpeet.

**Syntaktinen informaatio** Paljas tieto itsessään. Fysikaalista ja syntaktista informaatiota käsitellään yleensä tietovarastoissa.

**Tacit** Kokemusperäinen tieto

**Tieto** Niiniluodon Filosofinen käsiteanalyysi –teoksessa (1989) Tieto on määritelty seuraavasti: "hyvin perusteltu tosi uskomus". Kts. myös data, tieto, informaatio.

**Tietoarkkitehtuuri** Se määrittelee seuraavat asiat: mitä tietoja organisaatio tarvitsee, miten tiedot kytkeytyvät toisiinsa ja mitä vaatimuksia organisaation eri toiminnot asettavat kyseiselle tiedolle.

**Tietopääoma** kts. Knowledge Management. Tietopääoman mittauksen ja hallinnan avulla pyritään keräämään ja ohjaamaan yrityksen tietoa, kokemusperäistä tietämystä ja osaamista organisaation strategiatavoitteiden mukaan. Knowledge Management –teknologiat, johon tietovarastointi kuuluu, edesauttavat tietopääoman hallintaa, jakelua ja kehitystä organisaatiossa

**Tietovarasto** (Data Warehouse, tietotavaratalo, tietolaari) tarkoitetaan yrityksen operatiivisten tietojärjestelmien tietokannoista sekä mahdollisesti myös ulkoisista tietolähteistä tapahtuvaa, liiketoiminnan tarveperusteista tiedon keruuta, jalostamista, yhdistelyä, hallintaa sekä tiedon hyödyntämistä erilaisilla raportointi-, visualisointi-, mallintamis- ja analysointityökaluilla.

Barry Devlinin mukaan tietovarastolla tarkoitetaan "loogista tietokantaa, joka sisältää monesta eri lähteestä koottua tietoa ja tietoa on käsitelty siten, että se on loppukäyttäjälle helposti ymmärrettävissä ja tiedolla on liiketoiminnan kannalta jokin merkitys". Bill Inmon määrittelee tietovaraston seuraavasti: "tietovarasto on subjektiorientoitunut, integroitu, muuttumaton ja aikakäsitteen sisältävä kokoelma tietoa johdon päätöksenteon tukea varten"

**Tietovarastointi** (Data warehousing, täsmätiedon varastointi) Tietovarastointi on yksi tiedon ja tietämyksen hallitun johtamisen (Knowledge Management) teknologinen osa-alue. Siihen sisältyy sekä liiketoimintatarpeiden ymmärtäminen että teknologiaosaaminen. Tietovarastointi ymmärretään tässä kirjassa laajasti ja sillä tarkoitetaan sellaisia prosesseja, jotka keräävät tietoa liiketoimintaprosesseista, kilpailijoista, asiakkaista ja yhteistyökumppaneista keskitettyyn paikkaan jatkoanalyysiä ja hyödyntämistä varten.

**Tietämyksen hallinta** kts. Knowledge Management

**Tietämyksen varastointi** (Knowledge Warehousing)
Tietämyksen varastoinnissa pyritään keräämään ja hyödyntämään organisaation kokemusperäistä (tacit) ja structuroimatonta tietoa, tietämystä yhteismitalliseen muotoon.

**Tietämys** kts. myös Knowledge, Informaatio. Tietämys on esimerkiksi yrityksen johdon tulkintaa informaatiosta ja sen käyttämistä päätösten tukena. Kts. myös pragmaattinen informaatio

# LÄHTEET

Carlsson Christer & Jokinen, Klaus & Saarela, Pekka & Vuorio Martti. Kokemuksia johdon tietotuesta. SITRA. Helsinki, 1989.

Davenport, Thomas & Short, J.E. The New Industrial Engineering: Information Technology and Business Process Redesign. Sloan Management Review, 31/4, Summer 1990.

Davis, Jessica. Data Warehouse Disruptions 2016: Gartner Magic Quadrant, Information Week. Haettu 20/4/2017 http://www.informationweek.com/software/information-management/data-warehouse-disruptions-2016-gartner-magic-quadrant/d/d-id/1324544

Devlin, Barry. Data Warehouse from Architecture to Implementation. Addison Wesley Longman, Inc. Library of Congress Cataloging-in-Publication Data. Reading, Massachusetts, USA, 1997.

Dixon, James. Pentaho, Hadoop and Data lakes. Pentaho, 2010, Haettu 20/4/2017, https://jamesdixon.wordpress.com/2010/10/14/pentaho-hadoop-and-data-lakes/

Earl, Michael J. Management Strategies for Information Systems. Prentice Hall Int., 1989.

Gewirtz, David. www.zdnet.com  David Gewirtz for DIY-IT | April 20, 2016 -- 12:47 GMT (05:47 PDT) | Topic: Big Data Analytics.   Volume, velocity, and variety: Understanding the three V's of big data, Haettu Toukokuussa 2017 osoitteesta: http://www.zdnet.com/article/volume-velocity-and-variety-understanding-the-three-vs-of-big-data/

Hannus,Jouko & Lindroos, Jan-Erik & Seppänen, Tapani. Strateginen uudistuminen osaamisen ajan ympäristössä. HM&V Research Oy. Hakapaino Oy. Helsinki, 1999.

IDC Special Report. The Foundations of Wisdom: A Study of the Financial Impact of Data Warehousing. Special Edition White Paper. Analyst: Stephen Graham. Contributing Analysts: Dirk Coburn and Carsten Olesen. International Data Corporation (Canada) Ltd, Ontario. Canada, 1996.

Inmon, William H. Building the Data Warehouse. John Wiley & Sons. USA, 1996.

Kaplan, Robert S. & Norton, David P. Translating Strategy into Action. The Balanced Scorecard. Harvard Business School. 1996.

Kaplan, Robert S. & Norton, David P. The Strategy-Focused Organization. How Balanced Scorecard Companies Thrive in the New Business Environment. Harvard Business School. 2001.

Koivula, Pirjo. Tietotekniikka ja johtaminen julkishallinnossa. Johtavien viranhaltijoiden kokemuksia ja käsityksiä atk:n itsenäiskäytöstä. Valtionhallinnon kehittämiskeskus. Painatuskeskus Oy. Helsinki, 1993.

Korkiakoski, Ilkka. Datawarehousing. Julkaisematon Tieturin Data Warehouse -seminaarin luentomateriaali. Tieto Innovation Oy (ent. TT Innovation Oy). Helsinki, 5/1997.

Lewis, Carroll. Alice's Adventures in Wonderland. 1865.

Maula, Marjatta. Kansainvälistyminen ja tietotekniikka. SITRA. Gummerus Kirjapaino Oy. Jyväskylä, 1991.

Morrison. (President of the Institute of the Future). The Second Curve. Ballantine Books. New York 1996.

Niiniluoto, Ilkka: Informaatio, tieto ja yhteiskunta: Filosofinen käsiteanalyysi. 5. Täydennetty painos (1. painos 1989). Helsinki: Edita, 1996.

Nonaka, Ikujiro & Takeutchi, Hirotaka. The Knowledge-

72

Creating Company. How Japanese Companies Create the Dynamics of Innovation. Oxford University Press.NY, 1995.

Salmela Hannu (toim.). Tietotekniikkastrategian kehittämismalli. Turun Kauppakorkeakoulun julkaisuja. Turku, 1990.

SMG Consulting. Tietovarastot liiketoiminnan tukena. SMG Finland Oy, Helmikuu 1997.
SmartDataCollective. A Big Data Cheat Sheet: What Executives Want to Know. Haettu 25.4.2017 http://www.smartdatacollective.com/tamaradull/317681/big-data-cheat-sheet-what-executives-want-know

Stenberg, Martti. Tietohallinnon strateginen johtaminen. Liiketalouden ja hallinnon ammattikorkeakoulu. Tietotekniikan koulutusohjelma. Luentomoniste, 1996.

Strassman, Paul. A. The Politics of Information Management. Policy Guidelines. The Information Economics Press. Connecticut, 1995.

Ståhle, Pirjo & Grönroos, Mauri. Knowledge Management.
Tietopääoma yrityksen kilpailutekijänä. WSOY, 1999.

Sveiby, Karl-Erik & Risling, Anders. Tietoyrityksen
johtaminen - vuosisadan haaste? Ekonomia-
sarja.Weilin+Göös. Espoo, 1987.

Sveiby, Karl Erik. Tango Business from knowledge. The
Knowledge Organization. Celemi. MCT, Malmö, 1996.

Sääksjärvi, Markku. Tietojenkäsittelyn strateginen
suunnittelu. Helsingin Kauppakorkeakoulun julkaisuja D-
128. Helsinki, 1990.

Tapscott, Don. Growing Up Digital. MCGraw-Hill, New
York, 1998 ja Tapscott, Don. Business 2.0. January 1999.

Tietoviikko 29.11.1996. "Tietovarastot" -liite (1996).
(Liitteen kirjoittajat: Marita Kaatrala, Marja-Liisa Pollari,
Kalevi Nikulainen, Jari Jokiniemi, Martti Tala, Jorma T.
Mattila, Antti Oksanen).

A. TÖRMÄNEN

Törmänen, Arla. Tietovarastot Strategiasta toteutukseen. SATKU, 1999.

Valtioneuvosto. Valtioneuvoston periaatepäätös valtionhallinnon IT -toiminnan kehittämisestä 15.6.2006.

Valovic, Thomas. Corporate Networks: The Strategic Use of Telecommunications. Artech House, Inc. USA, 1993.

Virtanen, Turo. Informaation lajit ja tietohallinto. Hallinnon tutkimus 3/1989.

Vuori, Jari. Julkisten ja yksityisten organisaatioiden vertailu. Teoksessa: Tutkimaton uudistus? Julkisen sektorin uudistukset tutkimuksen haasteena. Hallinnon kehittämiskeskus. Valtiovarainministeriö. Helsinki: Painatuskeskus, 1994, 17-30.

Weber, Max. Wirtschaft und Gesellschaft, Grundriß der verstehenden Soziologie. Studienausg., 5., rev. 1980

Zmud, Robert W. Information Systems in Organizations. Scott, Foresman and Company. USA, 1983.

# TEKIJÄSTÄ

Tekijällä on useamman kymmenen vuoden kokemus tietohallinnosta sekä yksityisellä että julkisella sektorilla. Tekijällä on pitkän käytännön kokemuksen lisäksi myös tohtorin tutkinto.

www.ingramcontent.com/pod-product-compliance
Lightning Source LLC
La Vergne TN
LVHW052310060326
832902LV00021B/3800